El sereno que perdió las llaves

Moon Pamos

Colección: Oficios de antaño Nº 1

Moon Pamos

Primera edición: junio 2023
Colección: Oficios de antaño N° 1
https://moonpamoscuentos.blogspot.com
ISBN: 9798399401362

Mauricio vigila la tranquilidad de la noche, es el sereno.

En él depositan su confianza los vecinos después del atardecer. Tenía las llaves de los edificios de las calles por donde paseaba.

No solo era una especie de portero nocturno, sino que ejercía competencias de seguridad, avisando a los bomberos en caso de incendio, cuidaba de la tranquilidad nocturna y controlaba que el alumbrado público funcionara correctamente, de lo contrario, contactaba con el farolero para que lo solucionara.

Desde la tarde hasta el amanecer caminaba sin cesar, custodiando las oscuras calles.

Durante la noche vivía grandes aventuras. Pasaba tanto por calles muy iluminadas como por callejuelas tenebrosas, pero Mauricio era un hombre valiente y comprometido con su trabajo.

Encontraba durante su jornada diferentes personas: unos venían tarde a su casa porque habían salido a divertirse, otros venían de trabajar, en ocasiones debía intervenir para resolver peleas o llevar a algún vecino hasta la farmacia de guardia más cercana por alguna emergencia.

Cuando ocurría un incendio, era el primero en percatarse y avisar a los bomberos con su matraca.

Los vecinos confiaban mucho en él, ya que le hacían guardián de las llaves de sus casas, y a la vez esperaban que Mauricio hiciera de despertador para ellos.

Tenían un código que todos entendían. Ataban al pomo de sus puertas una cuerda y le hacían tantos nudos como el número de la hora en que querían ser despertados.

La casa de Dámaso, un edificio en tonos verdes, siempre tenía su cuerda con tres nudos, puesto que, el sereno, debía despertarlo a las tres de la madrugada. Dámaso era lechero y se levantaba muy temprano para ir a ordeñar sus vacas.

Curiosamente, el oficio de sereno, parecía muy solitario, pero para Mauricio no era así. Cada noche, en algún momento de su jornada, aparecía una pequeña perrita que lo observaba de lejos y muy puntualmente se acercaba a recibir alguna caricia o las migajas de su bocadillo.

No fallaba en su visita ni una sola noche.

Una madrugada, Mauricio, tuvo un gran problema. No se percató, pero perdió sus llaves. Se le debieron caer en algún momento de su ronda o las dejó olvidadas en una cerradura.

Por suerte, Dama se encontraba cerca y las recogió, aunque no consiguió toparse con él para dárselas.

Mauricio recorrió desesperado todas las calles del barrio con la esperanza de localizarlas, pero no fue así.
En tantos años de profesión nunca le había ocurrido algo similar.

—¿Qué les diré a los vecinos? Ya no confiarán más en mí.

Pensó que se quedaría sin trabajo. Se sentó en un banco de un solitario parque y permaneció en él casi toda la noche, lamentándose de su mala suerte.
Casi al amanecer y cansado de buscar las llaves sin descanso, se marchó a su casa.

Dormía hasta el mediodía, ya que pasaba toda la noche trabajando.

Dama sabía dónde vivía porque alguna noche de invierno le había seguido para dormir resguardada del frío entre las plantas de la fachada de su casa.

Muy consciente de no molestar, Dama esperó a que el día despuntara con fuerza para tocar la puerta del sereno.

—¡Qué sorpresa se va a llevar, seguro que no se imagina qué le traigo! —pensó la perrita para sus adentros.

Dama tocaba la puerta con sus patitas, pero no se abría.

Pasó un largo rato insistiendo hasta que escuchó unos pasos que se aproximaban.

De repente, la puerta comenzó a abrirse muy lentamente.

En un principio la perrita dudó si se había confundido de casa, ya que no reconoció al hombre que salió en pijama.

Mauricio miró al frente y no vio a nadie, pero cuando se disponía a cerrar de nuevo, se percató que a un lado de la puerta, había una pequeña que lo miraba curiosa.

—¡Mis llaves! —gritó el hombre. ¡Las has encontrado!

Mauricio depositó las llaves sobre un mueble de la casa y al momento cogió en brazos a la perrita que le había salvado de perder su trabajo.

Dama no paraba de mover su colita de alegría.

Él la acariciaba para expresar su gratitud.

Fue entonces cuando se dio cuenta de que no llevaba collar y no estaba muy limpia, se le notaban sus huesecillos... y comprendió que debía tener hambre y que era una perrita callejera.

Se paró a pensar y recordó haberla visto alguna noche deambular cerca de él en las calles oscuras y solitarias donde hacía su guardia.

Al instante supuso que debía devolverle el gran favor que le había hecho y decidió que le ofrecería su casa para que ella tuviera un hogar.

Le dio un baño caliente, hizo una sopita de pollo y la dejó dormir plácidamente en el sofá.

—No me lo puedo creer, esta perrita me ha salvado de tener un gran problema.

Por no dejarla sola en casa le compró una correa y la nombró "Serena perruna". Le puso un collar con su nombre y se fueron juntos a trabajar.

Dama ya estaba acostumbrada, puesto que cada noche le seguía y sabía todo su recorrido, pero ahora tenía un cargo oficial.

De repente, Dama comenzó a ponerse nerviosa y se dio cuenta de que algo pasaba.

Al instante, se percató de un fuerte olor a humo.

Los dos corrieron siguiendo una extensa humareda hasta que llegaron a una librería de la que comenzaban a verse llamas en su interior.

Gracias a la rapidez del aviso, los bomberos pudieron apagar el incendio, salvando así gran cantidad de libros.

LIBRERÍA

La librera consiguió salvar su negocio y en agradecimiento encargó unas medallas conmemorativas de la acción llevada a cabo por Mauricio y Dama.

Frente a diversos vecinos que acudieron al acto, condecoraron al sereno y a su ayudante y todos mostraron gratitud con elogios y aplausos.

—¡Muchas gracias! —exclamó el hombre con semblante emocionado— hemos cumplido con nuestro deber.

LIBRERÍA

Los homenajeados no sabían expresar lo que sentían, no esperaban que cumplir con su trabajo llegara a tener tanta repercusión en todo el barrio y quienes conocían a Mauricio y Dama pensaban que eran héroes.

Con su chuzo en una mano y la correa que sujetaba a la perrita en la otra, custodiaban las calles cada noche.

Los dos vigilantes, a partir de ese momento, lucieron sus medallas en sus rondas para no olvidar que un trabajo bien hecho siempre tiene una recompensa.

Fin

El sereno

El sereno era un profesional que cumplía varias funciones: vigilante nocturno, autoridad, auxilio vecinal...

Los ayuntamientos otorgaban a cada sereno: capote, chuzo, farol, canana, gorra, cinto con porra, silbato y una matraca.

En el momento en que esta profesión se dio por finalizada, los serenos en activo pasaron a formar parte de las plantillas de los ayuntamientos como funcionarios y algunos de ellos, más tarde como miembros de la Guardia Urbana.

El Ayuntamiento aportaba el 30% del pago del salario de estos vigilantes, el resto lo pagaban los vecinos y comerciantes.

Los serenos, aunque eran vigilantes y contribuían a mantener en cierta manera el orden en las calles por las noches, no podían realizar detenciones, pero aun así eran muy respetados por su labor ya que con su presencia mantenían la seguridad.

Vocabulario

- **Sereno:** vigilante nocturno, pregonero de la hora, el clima y corría en auxilio de los vecinos con alguna emergencia nocturna.

- **Chuzo:** lanza corta compuesta por un palo con un pincho en un extremo usado para atacar o defenderse.

- **Canana:** cinturón ancho con compartimentos individuales para llevar en la cintura o en bandolera, en ocasiones, utilizada para guardar cartuchos.

- **Matraca:** instrumento de percusión que produce un fuerte ruido. La matraca se usaba para alertar en caso de incendio o cualquier otro peligro.

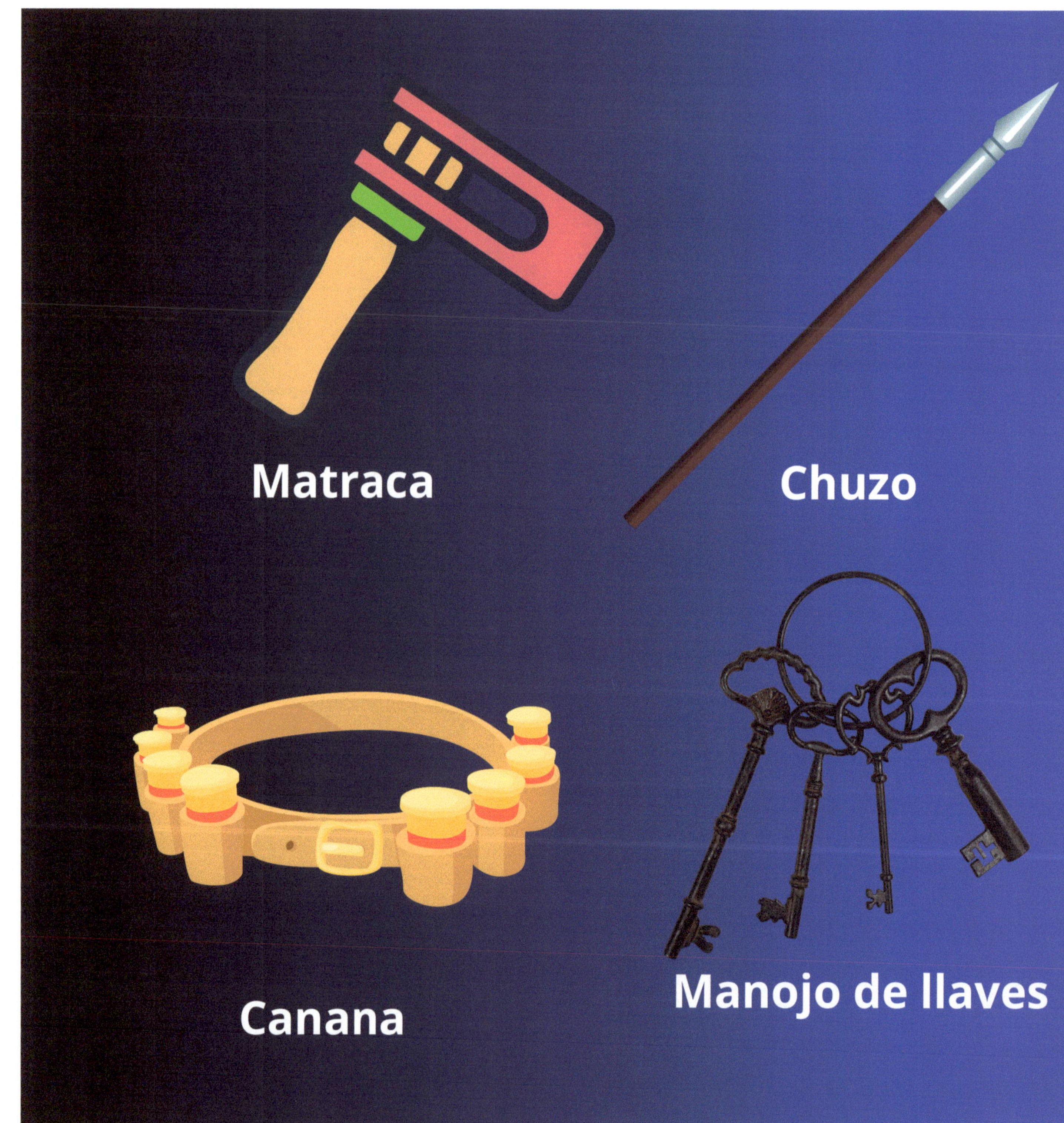

Matraca
Chuzo
Canana
Manojo de llaves

Colecciones de cuentos

Oficios de antaño

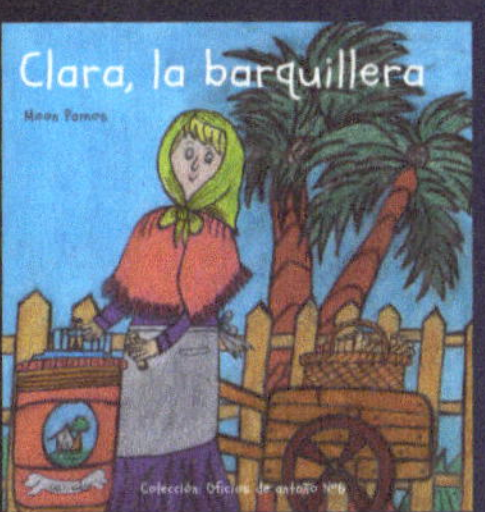

El sueño de los animales

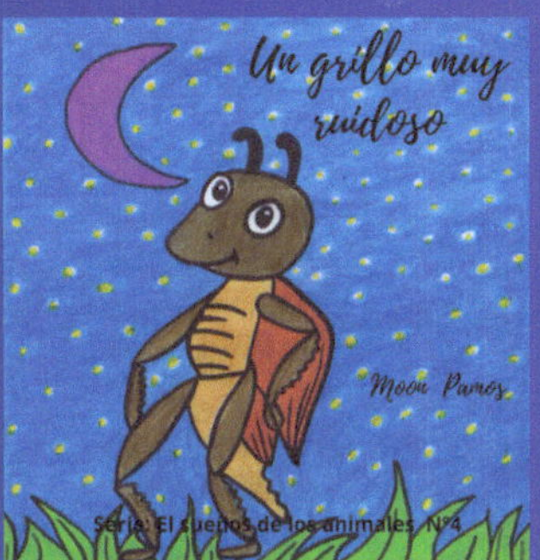

Cuentos

Aventura en la Mina Grott
MOON PAMOS

LAURA Y LÍA
se van de campamento
MOON
PAMOS

SAWABONA
Moon
Pamos

Teodora, la bruja lectora
Moon Pamos

La flor de baobab
MOON PAMOS

El ratón librero de Urueña
Moon Pamos
Cuando abres la primera página de un libro en Urueña,
el reloj de tu conocimiento se pone en marcha

Una Navidad de cuentos y fantasía II

Colección: De visita por el mundo N°1
Moon Pamos
Himalaya salado

LAMPO,
EL PERRITO QUE VIAJABA EN TREN
Colección: Historias reales N°1
Moon Pamos
CROSSING CROSSING

Moon Pamos
El día que los tractores tomaron las calles

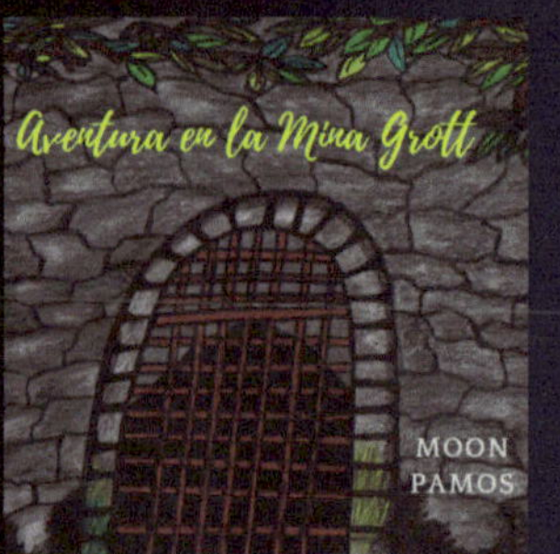

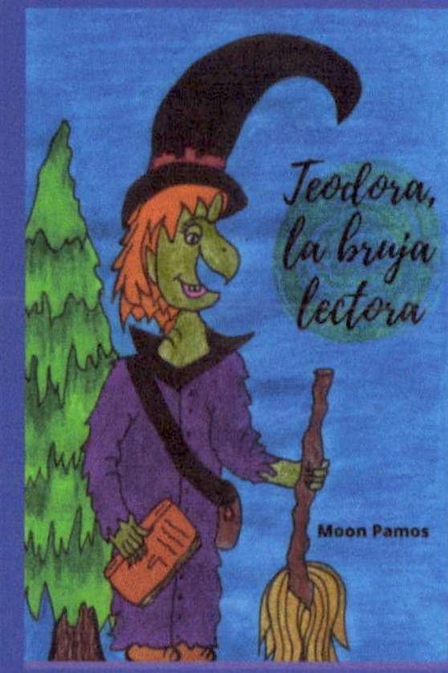

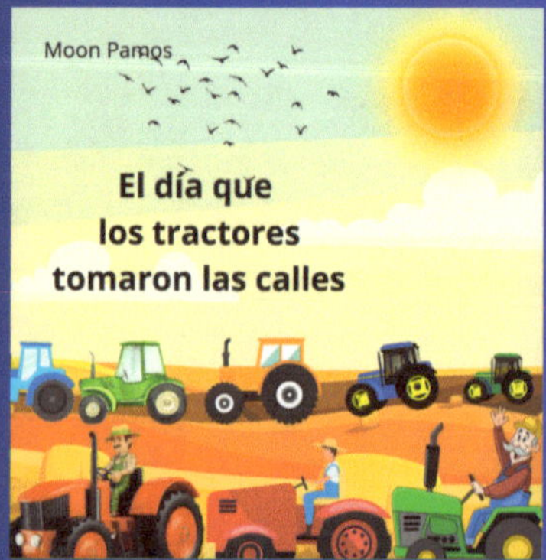

Libros

Moon Pamos

FENÓMENOS DE CIRCO

Merecida muestra de respeto para unos artistas que fueron denostados y burlados.

El espectáculo más grande del mundo usó durante años, individuos con rarezas y malformaciones que mostraban en sus "freak show".

Surgieron en la época victoriana y tuvieron un gran esplendor entre los siglos XVI y principios del XX.

Detrás de las luces, aparecían las sombras y, con ellas, vidas tristes e injustas.

COMPENDIO DE BIOGRAFÍAS

CORAZONES POR DESCUBRIR

Contacto

Blog:

https://moonpamoscuentos.blogspot.com
https://moonpamos.blogspot.com

Email: moonpamos@gmail.com

WhatsApp: (+34) 623 00 12 19
Envío de catálogo
(para solicitud de ejemplares dedicados)

Amazon:
https://www.amazon.com/author/moonpamos/

Instagram:
http://instagram.com/moonpamoscuentos